LE
PAIN QUOTIDIEN

PAR

M. DE MONTAIGNAC

MONTLUÇON

IMPRIMERIE, LITHOGRAPHIE ET LIBRAIRIE PROT (BREVETÉ).

1891.

SOMMAIRE

LE
PAIN QUOTIDIEN

PAR

M. DE MONTAIGNAC

MONTLUÇON

IMPRIMERIE, LITHOGRAPHIE ET LIBRAIRIE PROT (BREVETÉ).

1891.

AVANT-PROPOS.

—

Dans l'admirable prière que Dieu a enseignée aux hommes, le chrétien demande chaque jour le *Pain quotidien* au même titre qu'il demande la soumission à la volonté de Dieu, le pardon des injures et la résistance aux tentations.

Je me propose de traiter la question du *Pain quotidien* dans l'intérêt des indigents, pauvres, honteux ou non, et des ouvriers que j'aime, suivant le divin précepte : « Aimez-vous les uns les autres. »

Je ne saurais faire à mon gré un meilleur emploi des quelques jours de vie que Dieu veut bien m'accorder encore.

P. DE MONTAIGNAC.

Les Trillers-Montluçon, 15 août 1890.

PREMIÈRE PARTIE

—

LE PAIN QUOTIDIEN

———

[1] Tout individu, quel que soit son âge, homme, femme ou enfant, doit être assuré d'avoir chaque jour le pain nécessaire au soutien de sa vie.

La société, le peuple auquel il appartient, a contracté envers lui le devoir de le lui procurer.

[2] En effet, la société impose à tous les membres qui la composent un grand nombre de devoirs ; parmi les charges nécessaires il y en a de singulières ; quelles qu'elles soient, nécessaires ou non à la conservation même de la société, il faut les accepter : *c'est la loi*.

[3] En compensation de ces innombrables devoirs, il y a pour chacun des droits incontestables, au premier rang desquels est le droit de vivre.

Ce droit de vivre passe avant tout ; avant le savoir et l'instruction, il faut le pain : *Ventre affamé n'a point d'oreilles*, dit le proverbe.

[4] Si la société n'assurait pas le *Pain quotidien* à chacun de ses membres, sans en excepter un seul, mieux vaudrait parfois, pour quelques-uns, la vie à l'état sauvage.

A l'état sauvage, l'homme dispose de la pêche,

de la chasse, des fruits spontanés des arbres, comme des racines qui végètent dans la terre.

A l'état de société, la pêche, la chasse, la cueillette des fruits qui pendent aux arbres et des racines alimentaires qui végètent sous terre, sont interdites à celui qui a faim.

Soit : et cela est légitime, à la condition que la société, qui assure dans l'intérêt du pays la conservation et la propriété de tous les produits du sol, assure à chacun aussi la nourriture qui conservera sa vie, le *Pain quotidien*.

5 J'entends par *Pain quotidien* ce qui, chez chaque peuple, dans chaque société, forme la base la plus simple, la plus économique, la plus généralement admise de l'alimentation de chaque jour.

En France, c'est le pain de froment.

C'est donc de la quantité, du prix du pain de froment nécessaire chaque jour à l'homme, que je vais m'occuper ici, ainsi que de la somme des ressources nécessaires pour le procurer à chacun.

6 Quelle est, en France, la consommation moyenne et par personne, du pain, ou plutôt de la farine ?

Je dis « de la farine », parce que c'est la base nécessaire de la qualité et du prix du pain.

La transformation de la farine en pain se fait par des modes et à des prix différents, suivant qu'il est pétri et cuit dans la famille, ou dans les pays où la main-d'œuvre, le bois, les loyers sont à des prix plus ou moins élevés.

7 Les statisticiens nous disent qu'un Français — le Français est mangeur de pain — consomme, en moyenne toujours, par an, trois hectolitres de froment du poids de 75 kilogrammes, soit 225 kil. de froment qui, bluté à 70 p. cent, donne 157 kil. 500 de bonne farine panifiable (1) : avec la toile, 159 kil., poids commercial à Paris du sac de farine.

8 La production du froment en France ne suffit pas à la consommation ; cela est très fâcheux : il en résulte, entr'autres inconvénients, celui d'une exportation d'or considérable qui passe à l'étranger.

Et il serait très facile de produire davantage : il faudrait que le cultivateur fût un peu plus riche, qu'il pût faire plus d'avances d'engrais et de travail ; qu'il fût moins chargé d'impôts, et que ses enfants les plus forts et les plus capables ne lui fussent pas enlevés par le service militaire, au moins aux époques des grands travaux de la campagne.

9 D'après ce qui précède, il est facile d'établir ce que coûte par personne et par an la farine nécessaire au *Pain quotidien.*

Le prix du sac de 159 kil. varie à Paris de 45 à 55 francs, rarement au-dessus et au-dessous : l'intervention dans la nourriture du pays des grains inférieurs, seigle, sarrasin, maïs, réduit le chiffre de la dépense moyenne pour la France ; j'adopte pour

____

(1) Soit par jour 430 grammes de farine, ou 560 grammes de pain environ.

base de mes calculs 48 francs par an et par individu, petit ou grand : 4 francs par mois.

[10] Ici se pose une question qui me paraît bien difficile à traiter.

La société doit le *Pain quotidien* à ceux qui en ont besoin ; mais quelles sont les personnes, ou plutôt les familles (car la famille est l'unité providentielle et non l'individu) ; — quelles sont les familles auxquelles la société donnera son concours ?

On a bien l'assistance publique ! les bureaux de bienfaisance ! le droit des pauvres, comme en Angleterre !

Que de critiques fondées contre tous ces systèmes ! insuffisance — prodigalités — mensonge — abaissement des caractères ; il y a des fronts qui ne rougissent plus de quémander ; il en est d'autres qui, par exagération de dignité, de famille ou d'orgueil, souffrent et meurent : la famille Hayem ou de Verth !! et bien d'autres !

[11] Dans les lois de la société, on doit laisser la moindre place possible à l'arbitraire : la loi égale pour tous ; sinon la faveur interviendra, la conscience sera violée, le droit aux secours pourra être une réclame électorale !

[12] La conséquence de ce qui précède serait, pour égaliser les charges et les droits, d'attribuer la somme nécessaire au *Pain quotidien* à tout Français de tout âge, à 36 millions d'individus !!

Là seulement est le droit, là est la solution de la

plus grosse des questions modernes, et je démontrerai, je crois, qu'il est possible de la résoudre.

13 C'est pour la société la seule solution, radicale assurément, qui puisse soulager et guérir les plus affreuses plaies sociales : l'infanticide — le suicide — les partis révolutionnaires dont l'armée est recrutée parmi les MEURT DE FAIM — les haines et la division des classes — la diminution du chiffre de la population.

C'est la seule solution sociale et légale pour la société actuelle, qui répudie la charité et la croyance en Dieu et en l'autre vie, qui déclare la loi *athée*.

14 D'après nous, tout Français — depuis le président de la République et M. de Rothschild, le prince des millions, jusqu'au pauvre qui perd son temps et grelotte à la porte des églises, et, bien plus, jusqu'à l'enfant né d'hier — a droit à son pain quotidien que nous cotons à 48 francs par an, 4 francs par mois ; pour 36 millions d'habitants, soit 1.700 millions environ par an ; chiffre énorme, mais qui n'a rien d'effrayant ni d'impossible.

15 Ne vous effrayez pas de ce gros chiffre de 1.700 millions, nécessaire à cette dépense : vous verrez plus loin qu'il n'est pas irréalisable.

16 Nous avons trois budgets principaux : le budget de l'État — le budget des départements — le budget des communes.

17 C'est au budget de l'État seul que nous demanderons de subvenir au *Pain quotidien* pour tous,

les autres budgets ayant des affectations spéciales. Toutefois, les départements et les communes pourront concourir à la charge du *Pain quotidien* dans la proportion des sommes qui sont consacrées aujourd'hui au pain par l'assistance publique ; — à Paris seulement l'assistance publique dispose annuellement de 40 millions.

[18] Examinons les chiffres en gros pour ne pas fatiguer le lecteur. Les notes que nous publierons à la suite donneront toutes explications utiles (1).

[19] Le budget de l'Etat s'élève aujourd'hui à 3 milliards 237 millions (2).

Et le budget sur ressources spéciales de 1890 s'élève en plus à 446 millions : ensemble 3 milliards 683 millions.

[20] Une somme importante est prise sur le budget de l'Etat pour le pain que le gouvernement fournit en nature — à l'armée — à la marine — aux lycées

(1) J'ai pu me tromper sur plus d'un chiffre, n'ayant pas fait d'étude spéciale des budgets, et n'étant point à Paris, à la source des renseignements ; mais quelques erreurs de chiffres ne modifieraient en rien la pensée qui a inspiré ce travail, non plus que les proportions de la richesse ou de l'aisance, ni la confiance de pouvoir améliorer la situation de tous, ou au moins de 98 ou 99 pour cent.

(2) Le budget de l'Etat était en 1869 de 1 milliard 847 millions : il a donc été augmenté depuis lors de 1 milliard 400 millions, somme plus que suffisante pour payer à tous les Français, non nourris par l'Etat, la rente annuelle de 48 francs pour le *Pain quotidien*.

et aux écoles de tous ordres — aux établissements hospitaliers et à l'assistance — aux asiles et aux enfants assistés — aux prisons et à tous établissements pénitenciers, etc.

21 En outre de ce très nombreux personnel qui reçoit directement le pain en nature, l'Etat nourrit, eux *et leurs familles*, sous forme de traitements, de pensions de retraite, de salaires pour entreprises de travaux publics et pour entretien, une partie plus nombreuse encore de la population.

22 Passez en revue le personnel de tous les ministères — officiers — administrateurs — fournisseurs — entrepreneurs — ouvriers — cantonniers et facteurs, vous arriverez à un chiffre très élevé de familles représentant plusieurs millions d'individus nourris par l'Etat sur le budget.

23 Le chiffre, prévu plus haut, de 1700 millions, se trouverait donc réduit d'autant, et l'impôt dès lors ne devrait être augmenté que pour pourvoir au surplus.

24 Ce surcroît d'impôts, nous le croyons sincèrement, serait facilement supporté par une population dont l'aisance serait notablement augmentée par la rente de quatre francs par tête et par mois qui serait attribuée à chacun.

25 Quelle est la proportion en nombre qui peut exister entre ceux qui n'ont pas besoin qu'on s'occupe pour eux du *Pain quotidien*, et n'attendent pas après une petite rente annuelle, et la population

qui a besoin d'être secourue ou qui trouverait un profit plus ou moins important à la rente de 48 fr. par tête que nous proposons d'attribuer à chacun ?

²⁶ Etablir le chiffre, la proportion des riches et des pauvres, est chose impossible ; d'ailleurs cette proportion varie à chaque instant.

Mais par le chiffre des impôts directs payés par chaque famille, nous pouvons avoir un simple aperçu de sa fortune ou de son aisance relative.

²⁷ La statistique ne nous dit pas quel est le nombre des individus ou des familles qui ne payent aucun impôt direct, si petit soit-il. Ce nombre est peu considérable, chacun étant plus ou moins atteint par l'une des quatre contributions —foncière — personnelle et mobilière — portes et fenêtres et patentes.

²⁸ La statistique au contraire nous donne d'une manière précise le nombre des *cotes foncières* et leur répartition : chacun de nous est informé de l'importance de la cote qui le concerne sous forme *d'avertissement* qui lui est remis au commencement de chaque année. Cet avertissement lui indique aussi quelle part est attribuée aux budgets de l'Etat — du département — de la commune.

²⁹ Voyons donc les *cotes foncières*, mises en recouvrement chez les percepteurs ; elles nous seront une base utile pour les considérations que nous avons à présenter.

³⁰ D'après l'état que j'ai pu me procurer, le nom-

bre des *cotes foncières* s'élève à un nombre respectable de millions (1). En opérant la division suivant leur importance, j'ai trouvé que, sur mille cotes foncières, la répartition entr'elles aurait lieu ainsi qu'il suit :

31   Pour mille :

Cotes de 5 francs et au-dessous. 509.7 ⎫
   — de 5 à 10 francs .... 153.6 ⎬ 796.3
   — de 10 à 20 francs .... 133. » ⎭
   — de 20 à 30 francs .... 62.6 ⎫
   — de 30 à 50 francs .... 57.8 ⎬ 166.9
   — de 50 à 100 francs .... 46.5 ⎭
   — de 100 à 300 francs...... 28.1   28.1
   — de 300 à 500 francs ...... 4.6 ⎫
   — de 500 à 1000 francs ..... 2.9 ⎬ 8.7
   — de 1000 et au-dessus..... 1.2 ⎭
   Quantité égale.......... 1000. »   1000. »

(1) Voici cet état :
6.686.998 familles payent moins de 5 francs.
2.015.373 id. id. de 5 à 10 francs.
1.741.436 id. id. de 10 à 20 francs.
  821.852 id. id. de 20 à 30 francs.
  758.876 id. id. de 30 à 50 francs.
  609.562 id. id. de 50 à 100 francs.
  368.631 id. id. de 100 à 300 francs.
   59.842 id. id. de 300 à 500 francs.
   37.333 id. id. de 500 à 1000 francs.
   15.870 id. id. de 1000 et au-dessus.

13.118.763 cotes foncières.

[32] L'examen de cet intéressant tableau nous montre :

Que plus de la moitié des imposés payent moins de 5 fr. d'impôts (509 pour mille) ;

Qu'il y a près de 800 imposés sur mille qui payent moins de 20 fr. à l'Etat ;

Qu'en ajoutant à ce nombre 120 familles qui payent de 50 à 100 fr., on arrive au chiffre de 963 pour mille !!

Et il reste alors :

28 cotes de 100 à 300 francs (28 et 1 dixième).

Et enfin :

4 cotes et 6 dixièmes de 300 à 500 francs.

2 cotes et 9 dixièmes de 500 à 1000 francs.

1 cote et 2 dixièmes de 1000 francs et au-dessus.

[33] C'est-à-dire que sur mille cotes il y en a moins de 9 — ou moins de une sur cent (1 p. %) qui payent à l'Etat 300 francs d'impôts et au-dessus — d'impositions directes — foncière — personnelle et mobilière — des portes et fenêtres et des patentes.

[34] Il y a là ample matière aux réflexions les plus graves au point de vue social, économique et politique.

[35] Car on ne manquera pas d'observer qu'aujourd'hui, par le suffrage universel, le pouvoir politique et législatif est passé aux mains de la masse de la population, du plus grand nombre.

[36] Il faut bien le dire, si le système de 48 francs par tête et par an était adopté, non seulement chacun serait assuré pour les jours mauvais de ce *Pain*

quotidien qui soutient la vie, empêche la misère noire, prévient le désespoir et ses suites ; mais encore toutes les familles, ou 98 p. °/₀ d'entre elles, auraient toute l'année un petit surcroît d'aisance qui les rendrait solidaires de la paix sociale (1).

37 Concevez-vous quel serait, si ce système était adopté, cette explosion de joie dans les campagnes et dans les villes !! le pain assuré pour tous : tous rentiers de l'Etat !

38 Quels sont les voies et moyens pour arriver à de tels résultats qui, au premier abord, paraissent impossible à obtenir? incroyables? Ils sont assez simples et, à bien dire, de nature à ne blesser personne.

39 Nous avons dit que, pour attribuer à chacun 48 fr. par an pour son *Pain quotidien*, il faudrait, pour une population de 35 à 36 millions d'individus, environ 1700 millions à demander au budget de l'Etat, sauf toutefois les nombreux millions fournis déjà par l'Etat en nature ou en traitements, ainsi que nous l'avons dit ci-dessus.

40 Le budget de l'Etat s'élève à 3 milliards 237 millions et, avec le budget sur ressources spéciales, à 3 milliards 700 millions environ.

41 Nous estimons qu'il faudrait surélever le produit d'un grand nombre des impôts actuels de 50 pour cent au maximum.

(1) L'armée du crime ne manquerait pas d'être réduite en nombre : *Mole suada fames*.

⁴² Que serait cette aggravation d'impôts pour les différentes catégories de contribuables, et quelle influence pourrait-elle avoir sur le recouvrement des diverses sortes d'impôts ?

⁴³ Pour les impôts directs dont nous avons établi plus haut les proportions, l'augmentation de 50 p. cent du produit net n'imposerait de charge à personne (1) et, loin de là, laisserait un profit, un assez gros profit à chacun.

(1) Sauf à un ou deux par mille, tout au plus ; et encore pourrait-on dégrever ceux-ci.

Le lecteur attentif voudra se rendre compte par lui-même de ce qui résulterait, en profits ou en pertes, pour lui et sa famille, de l'application du système que je préconise. Le travail est pour lui facile.

Qu'il prenne le ou les avertissements qui lui ont été envoyés par le percepteur au commencement de l'année. Qu'il écrive la somme totale qu'il doit payer, et qu'il en déduise ce qui revient au département et aux communes, ce qui est indiqué en marge de l'avertissement. Il aura le chiffre exact de ce qu'il paye à l'Etat pour les contributions directes — foncière — personnelle et mobilière — portes et fenêtres — patentes.

Nous avons dit que pour donner à tous *sans exception* le Pain quotidien — 48 francs par personne et par an — l'Etat devrait surélever les impôts *au plus* de 50 p. %. soit de moitié. Prenez donc *moitié* du chiffre de l'impôt que vous payez *à l'Etat*.

D'une autre part, voyez de combien de personnes se compose votre famille, hommes, femmes, enfants, serviteurs : multipliez le nombre des bouches que vous aurez à nourrir par le chiffre de 48 fr. qui serait attribués à chacun, et vous verrez quel sera le profit que votre famille retirera du Pain quotidien pour tous.

[44] En effet, pour les familles dont la cote s'élève aujourd'hui de 1 à 20 francs, il y aurait une augmentation de 10 francs ; mais ces familles recevant en moyenne pour cinq personnes, je suppose, une subvention annuelle de 240 fr., auraient encore un boni de 230 francs.

[45] Or, sur mille familles, il y en a déjà 800 qui payent moins de 20 francs d'impôts.

120 familles payant de 30 à 50 francs ; 45 familles payant de 50 à 100 francs, recevraient encore des bonis de 200 fr. — 220 francs par an, et les cotes de 100 à 300 francs auraient plus de 100 francs.

Les cotes de 100 à 300 francs, au nombre de 28 seulement par mille, compenseraient à peu près les sacrifices et les profits.

[46] Quant aux familles payant de 300 francs à 1,000 fr. et au-dessus, elles pourraient encore compenser leurs pertes, et l'on doit observer que ces cotes sont au nombre de 10 par mille, un pour cent au plus (1).

[47] On peut donc dire que désormais la charge des contributions directes serait annulée, puisque, à la presqu'unanimité, les assujettis des contributions directes auraient plus à recevoir qu'ils n'auraient à payer.

(1) Ces grosses cotes représentent souvent plusieurs corps d'exploitation ou des ateliers dont le personnel plus nombreux, recevant 48 fr. par tête, compenserait encore l'impôt.

[48] Occupons-nous maintenant des impôts indirects dont le chiffre est porté aujourd'hui à 2 milliards 424 millions.

[49] Quelles seraient les conséquences de la surélévation, jusqu'à concurrence de 50 pour cent, de tout ou partie des impôts indirects ?

[50] Les impôts indirects qui donnent les plus gros produits, après l'enregistrement et le timbre, et qui pèsent le plus sur la masse de la population, sont les impôts sur les liquides.

[51] Eh bien ! pour le vin dont l'usage est nécessaire au développement et à la force de l'individu, l'impôt perçu par l'Etat est de 2 francs par hectolitre, deux centimes (0,02) par litre.

En surélevant cet impôt de 50 p. %, il serait porté à trois centimes par litre au lieu de 2 !

Cet impôt, fût-il élevé à 0,04 c. au lieu de 0,02 c., serait facilement supporté par une population généralement plus aisée.

Qui donc se plaindrait de payer le vin 2 centimes de plus par litre, s'il était assuré du *Pain quotidien ?*

[52] Plus loin nous parlerons du sucre, cet autre objet de consommation de première nécessité, du sel, de l'enregistrement et du timbre, des valeurs mobilières, des chemins de fer et des douanes ; enfin des exploitations et des monopoles de l'Etat : postes et télégraphes, tabacs, allumettes, etc.

DEUXIÈME PARTIE

—

ETUDE SUR LES IMPOTS

———

53 La réforme du *Pain quotidien*, ai-je dit, serait directement très favorable à 963 familles sur mille (31, 32) (¹) payant de 5 à 100 francs d'impôts, qui recevraient annuellement et par famille de 5 personnes, en sus de ce qu'elles auraient à payer à l'Etat, de 235 fr. par an à 140 fr. Cette réforme serait favorable même à toutes les familles françaises sans exception, en raison des avantages qu'elle apporterait à la propriété rurale, même au propriétaire qui aurait beaucoup de domaines : les plus riches comme les autres, n'ont-ils pas d'ailleurs intérêt à l'union des classes, à la paix sociale ? (46).

54 Il est à craindre que ce ne soient pas les hommes qui détiennent le pouvoir, quel que soit le parti auquel ils appartiennent, qui en profitent pour eux et leurs amis, qui prendront à cœur de préparer cette grande réforme, qui pourrait déranger

(1) Les chiffres entre parenthèses renvoient aux nᵒˢ placés en tête des alinéas de l'exposé : *Le Pain quotidien.*

leur situation. Il ne faut pas l'attendre d'avantage de ceux qui se démènent pour prendre leurs places, même dans le parti qui gagnerait le plus à la réforme : et ceci n'est pas spécial au temps présent.

⁵⁵ Si ce ne sont pas ceux-là, il faut que ce soit la masse de la nation qui la demande, qui l'exige même ; car c'est dans la masse de la nation, dans le nombre qu'est aujourd'hui le pouvoir législatif (35).

⁵⁶ Il faut donc que tous comprennent quel est leur intérêt dans la réforme du *Pain quotidien*, et c'est à le faire bien comprendre que je consacre tous mes soins.

⁵⁷ Une somme énorme est nécessaire, ai-je dit (14, 23 s.), pour assurer le *Pain quotidien à tous* sans exception, jeunes et vieux, petits et grands.

⁵⁸ Or, cette somme doit être fournie par l'impôt ; le chiffre en paraît effrayant, tandis que je crois, non seulement possible, mais facile de l'obtenir (15 s., 47 s.).

⁵⁹ Je dois donc revenir sur ces questions d'impôts, les faire comprendre : si j'étais assez habile pour exposer clairement aux yeux de *tous* ce mécanisme plus effrayant en apparence qu'en réalité, la réforme que je poursuis serait bien près d'aboutir.

⁶⁰ Je donnerai d'abord le tableau du budget des recettes de l'Etat ; puis je passerai en revue l'impôt direct, sa raison d'être et sa progression, l'ancien régime et l'état actuel de la propriété ; puis l'impôt indirect, qui est la contribution de l'avenir.

BUDGET DES RECETTES DE L'ÉTAT

[61]

IMPOTS & REVENUS DIRECTS ET INDIRECTS

Recouvrements effectifs 1889

(En chiffres ronds, par millions).

1° CONTRIBUTIONS DIRECTES

Budget ordinaire........ 446 »	}	
— sur ressources spé-	} 813 millions	
ciales.............. 367 »	}	

2° CONTRIBUTIONS INDIRECTES

Enregistrement 502	
Produit du timbre........ 161	
Taxe 3 % sur revenu des	
valeurs mobilières....... 49	
Produit des douanes....... 361	
Revenu sur les liquides.... 440	} 1.821 millions
— sur les sucres..... 138	
— sur le sel......... 12	
Droits s/ chem. de fer, voit. 90.5	
— sur divers produits .. 48.5	
Suppl[t] à diverses contrib[ons].. 19	

3° MONOPOLES DE L'ÉTAT

Tabacs, allumettes, pou-	
dres................. 395 »	
Postes 155.500	
Télégraphes........... 33.500	
584 »	}
Algérie............... 5 »	} 603 millions
Divers produits........ 14 »	}

TOTAL GÉNÉRAL : 3 milliards 237 millions

CONTRIBUTIONS DIRECTES.

[63] Il y a, tout le monde le sait, deux natures d'impôts : les contributions directes, les contributions indirectes.

[63] La contribution directe, qui est — foncière — personnelle et mobilière — des portes et fenêtres — des patentes — est fixe, le chiffre en est déterminé à l'avance, il reste invariable : que l'année soit bonne ou mauvaise, que les affaires soient prospères ou désastreuses, il faut qu'il rentre intégralement dans les caisses de l'Etat. Les percepteurs en sont chargés et ils ont entre leurs mains les moyens les plus pénibles à appliquer, jusqu'à la saisie et à la vente du mobilier du pauvre !

[64] Eh bien ! l'impôt direct est à bien dire l'impôt du passé : il tend à disparaître au grand profit de l'agriculture ; l'adoption de la réforme du *Pain quotidien* contribuerait singulièrement, comme on va le voir, à cette seconde réforme qui serait si avantageuse à l'agriculture nationale, qui est et sera toujours, quoi qu'on dise, la base la plus large et la plus solide de la richesse et de la puissance d'une nation.

[65] L'impôt direct, ai-je dit, est l'impôt du passé. En effet, au commencement du siècle, les contributions directes formaient plus du tiers des ressources du budget ; elles produisaient, en 1816, 338 millions sur 878 millions de recettes totales, ou 38 p. %,

tandis qu'aujourd'hui l'impôt direct n'entre que pour 13 % dans le chiffre total du budget de l'Etat : 446 millions sur 3 milliards 237 millions (19).

[66] Donc au lieu de 38 p. % les impôts directs n'entrent plus que pour 13 p. % dans les ressources de l'Etat.

[67] Ce n'est pas que les impôts directs aient diminué, non, au contraire ils ont augmenté, mais beaucoup moins que les autres.

[68] Et nous pouvons faire remarquer en passant que dans l'augmentation des impôts directs, dont le chiffre, de 328 millions en 1816, a été porté à 446 millions en 1889, soit une augmentation de 144 millions ; les patentes seules ont augmenté, de 1830 à 1886, de 80 millions.

[69] Elles étaient en 1830 de 23 millions, elles sont en 1886 de 103 millions. Du reste, voici les chiffres :

[70] *Proportionnalité et accroissement des contributions directes de 1816 à ce jour :*

ANNÉES	Recettes totales du Budget	Chiffre des Contributions directes Patentes comprises	Pourcentage	Chiffres des Patentes
	millions	millions		millions
1816 ...	878	328	38 %	»
1830....	971	249	25 %	23
1848....	1.207	294	24 %	34
1852....	1.336	269	20 %	35
1860....	1.722	296	17 %	53
1870....	1.597	386	21 %	69
1886....	2.952	397	13 %	103
1889....	3.237	446	»	»

⁷¹ L'impôt direct n'est pas seulement l'impôt du passé : il est l'impôt de l'ancien régime.

⁷² Dans la langue politique, l'ancien régime a pris fin en 1789 ; un siècle s'est écoulé depuis lors, c'est de l'histoire ancienne qu'il faut savoir, sans doute, mais qui a moins d'intérêt dans nos débats actuels.

⁷³ En matière d'impôts, l'ancien régime pour nous est le régime antérieur à 1848, alors qu'il fallait payer 300 fr. d'impôts directs de toutes sortes, en une ou plusieurs cotes, pour être électeur. Le nouveau régime commence en 1848 avec le suffrage universel.

⁷⁴ Sous l'ancien régime, la possession de la terre assurait des avantages politiques et de considération qu'on ne trouvait point ailleurs ; aussi la terre était-elle recherchée : on l'achetait à haut denier, jusqu'au denier 50 (2 pour 100). On s'en faisait honneur ; beaucoup, quoique riches, habitaient la campagne toute l'année ; par suite les cultivateurs, les journaliers, mieux connus, étaient plus appréciés, plus occupés dans les mauvaises saisons et ne désertaient pas autant la campagne pour la ville.

⁷⁵ Sous le régime nouveau, la possession de la terre ne donne plus d'avantages particuliers, — au contraire — d'abord le revenu est irrégulier ; aussi est-on arrivé à vouloir 4 et 5 °/₀; — puis la fortune est immobilisée. — Il est malaisé de s'en défaire en cas de nécessité, et parfois on vend à vil prix ce que l'on a acheté fort cher.— Les partages entre enfants

sont plus difficiles, les droits de mutations sont plus élevés, bref le nouveau régime est défavorable à la propriété rurale.

[76] De ce qui précède il résulte que si l'on veut conserver ou rendre à la possession de la terre une fixité, si importante pour la culture elle-même dont le personnel ne peut pas être fréquemment changé sans pertes pour la culture — si l'on veut retenir aux champs la population qui y trouve un milieu si favorable au développement et à la santé des hommes, en opposition à l'étiolement de la population des usines et des villes — il faut diminuer l'impôt et les charges des campagnes.

[77] La réforme du *Pain quotidien*, en attribuant à chacun sa rente de 4 francs par mois, rendrait ainsi un immense service.

[78] Car l'argent ainsi laissé, ou apporté à une population généralement économe et laborieuse, aiderait à l'amélioration des cultures, et par suite à l'accroissement du rendement en céréales, ce qui réduirait le chiffre des importations de grains, et conserverait au pays la masse d'or qui passe chaque année à l'étranger pour payer le blé que nos cultivateurs fourniraient si facilement, s'ils pouvaient consacrer à leurs cultures un peu plus d'avances en travail et en engrais.

[79] L'impôt direct fournira sans difficulté aucune sa large part au budget du *Pain quotidien*, dont l'établissement permettrait peut-être la révision des évaluations cadastrales qui sont inégales.

[80] Mais c'est à l'impôt indirect, à l'impôt de l'avenir, dirai-je, que nous demanderons la plus grosse part des ressources pour former ce budget du *Pain quotidien*, et, si nous ne nous trompons, cette grosse réforme qui développerait dans une proportion inouïe l'aisance de la masse ouvrière et laborieuse de la nation, cette grande réforme qui réclame tant de millions, dont le chiffre vous effraie à tort, serait facilement accomplie par les ressources des contributions indirectes obtenues d'une population plus aisée ou plus riche (1).

(1) La commission qui serait chargée de mettre en œuvre la grande réforme pourrait décider que l'attribution mensuelle par personne serait d'abord de 2 fr., puis de 3 francs, puis enfin de 4 francs, au fur et à mesure de la rentrée des impôts.

De même qu'elle fixerait la juridiction (celle du juge de paix par exemple) qui dirait à qui, du père ou de la mère, en cas de conflit, serait versée la rente de 4 fr. par mois — incessible et insaisissable — attribuée aux enfants mineurs.

CONTRIBUTIONS INDIRECTES.

[81] L'impôt indirect, malgré ses défauts, est, ai-je dit, la contribution de l'avenir : il est en définitive à peu près volontaire et représente assez exactement la richesse que les gens possèdent en réalité ou en apparence. — Cet impôt porte sur les choses plutôt que sur les personnes : il ne prend presque rien à celui qui mène une vie sobre.

[82] Voici la définition que donnait de l'impôt M. Gaudin duc de Gaëte, ministre des finances sous le grand réorganisateur Napoléon Ier : « Le meil- « leur impôt est celui dont les formes dissimulent « le mieux la nature et qui, en dispensant d'ailleurs « le contribuable de toute prévoyance, s'identifie le « plus complètement avec les dépenses de nécessité « que l'on fait sans regret. »

[83] Tant qu'ils restent modérés et qu'ils ménagent les objets de première nécessité, les droits de cette nature sont en effet les plus justes, les plus productifs et les moins onéreux de tous les impôts pour les contribuables qui les acquittent journellement et imperceptiblement. Les impôts de consommation atteignent les étrangers en France, comme les petits rentiers et les salariés que les contributions directes n'atteignent pas. — On doit aussi remarquer que de grandes améliorations ont été apportées par l'administration des contributions indirectes dans

l'organisation de ses services multiples, puisque les frais de perception, qui étaient autrefois de 11 p. %, sont réduits aujourd'hui à 4 p. %, chiffre sensiblement le même que celui des frais de perception des contributions directes (3 1/2 %.

81 Montesquieu disait que la taxe sur les marchandises est plus conforme à la liberté, parce qu'elle se rapporte d'une manière moins directe à la personne.

85 Les peuples les plus libres, les plus civilisés, sont ceux chez lesquels cette forme d'impôt est la plus développée.

86 Si les impôts de consommation encouragent la fraude, on doit reconnaître néanmoins qu'en frappant de droits élevés le tabac et l'alcool, ils sont un des moyens de restreindre l'abus de consommations qui, si elles étaient trop développées, nuiraient à la moralité et à la santé publique.

87 J'ai indiqué en gros, pour 1889, les chiffres des contributions indirectes perçues par l'Etat (61); nous allons donner des détails sur chaque nature d'impôts avec leur développement par période, qui permettront d'apprécier leur importance et leur élasticité, ainsi que l'augmentation qu'ils sont susceptibles de supporter chez une population dont la masse serait devenue plus aisée par l'adoption de la réforme du *Pain quotidien*.

Nous prendrons les chiffres par millions.

88 *Tableau des Contributions indirectes par millions:*
1850 — 1889.

NATURE DES IMPÔTS.	1830	1850	1860	1869	1872	1875	1885	1889
Boissons	100	101	161	250	290	385	416	440
Sels	7	5	9	10	8	10	9	12
Sucres	»	31	38	65	59	119	75	138
Chemins de fer.	»	2	20	35	73	101	88	91
Voitures	5	7	6	5	6	6	5	
Tabacs	67	122	193	254	268	312	374	395
Poudres	4	6	10	11	9	13	13	
Divers (1)	21	32	46	30	62	117	85	453
	204	306	483	660	775	1063	1065	1529
Enregistrement.	»	»	»	»	»	»	»	502
Timbre	»	»	»	»	»	»	»	161
Taxe 3 %	»	»	»	»	»	»	»	49
Valeurs mobil^res.	»	»	»	»	»	»	»	
Douanes	»	»	»	»	»	»	»	361
Postes	»	»	»	»	»	»	»	155
Télégraphes	»	»	»	»	»	»	»	34

TOTAL des Contributions indirectes et spéciales. **2791**

Contributions directes. **446**

TOTAL GÉNÉRAL DES RECETTES 1889.... millions. **3237**

(1) Sous cette rubrique de « Divers » rentrent tous les impôts moins importants, ceux qui ont été créés puis supprimés : papiers, huiles, bougies, vinaigres ; et les recettes sur ressources spéciales 367 millions pour 1889, puis l'Algérie, etc., etc.

89 Nous avons d'abord l'impôt des boissons, le plus intéressant assurément, puisque le vin est nécessaire à l'ouvrier ; le plus important aussi, puisque le chiffre des recettes qu'il fournit à l'Etat chaque année égale, à lui seul, le produit de tous les impôts directs (61), ou à peu près.

90 Eh bien ! pour *le vin*, l'augmentation de l'impôt ne dépasserait pas 2 centimes par litre, car il ne s'agit pas, dans la réforme, des droits d'octrois, des centimes des départements ou des communes, mais de la seule part afférente au budget de l'Etat qui perçoit, en principal, 2 francs par cent litres de droit de circulation, plus les décimes. — Quel est donc l'ouvrier, dont la position doit surtout appeler notre attention, qui se plaindrait de payer une surcharge de 2 centimes par litre de vin, lorsque le *Pain* lui serait assuré gratuitement pour lui et les siens !

91 Pour *l'alcool*, très justement surchargé, en raison même du danger que présente pour la santé publique l'exagération de sa consommation, on peut affirmer, vu le bas prix auquel on produit aujourd'hui les alcools, que, quel que soit l'impôt, on aura toujours pour deux sous un petit verre d'eau-de-vie suffisant d'un liquide dont l'excès est dangereux.

92 Le prix du *sel* ne changerait pas : on pourrait d'ailleurs l'exonérer, sans inconvénient, de la surcharge de la réforme.

93 Les *sucres* produisaient 31 millions à l'Etat en 1850, contre un produit actuel de 138 millions en 1889, progression énorme comme on voit ; et à peine le consommateur s'est-il aperçu de l'augmentation du prix dans cette période. Une surcharge minime du prix du sucre, des confitures, des dragées, ne paraîtra onéreuse pour personne.

Arrêtons-nous un peu au sucre, objet de consommation usuelle pour toutes les classes de la société.

Le *sucre* paye, je crois, en impôt à peu près autant qu'il coûte de fabrication : s'il est vendu au consommateur 50 centimes la livre (500 gr.) son véritable prix coûtant ne dépasse peut-être pas 25 c. par livre, en matière première, fabrication, rafinerie, transports et bénéfices de nombreux intermédiaires.

Je viens de prendre chez l'épicier une livre de sucre cassé en morceaux à peu près réguliers : je trouve que 75 morceaux pèsent 500 grammes.

Si, pour la réforme du *Pain quotidien*, il me faut augmenter l'impôt du sucre de 15 centimes par livre, le prix d'achat du sucre sera augmenté de 1 centime pour 5 morceaux.

94 Les *chemins de fer*, qui fournissaient à l'impôt, aux caisses de l'Etat, 2 millions en 1850, 20 millions en 1860 et produisent 90 millions aujourd'hui, peuvent sans inconvénient aucun être imposés d'une somme plus forte. La population, devenue plus aisée par la réforme du *Pain quotidien*, voyagera davantage. Si l'impôt augmente, les frais généraux des compagnies diminueront par suite de l'accroissement de la circulation en voyageurs et en marchandises, et en fait, les voyages ou les transports ne seront guère plus onéreux.

⁹⁵ Le monopole des *tabacs* est une des grosses ressources du budget de l'Etat. De 67 millions en 1830, l'impôt est monté à 254 millions en 1869 et à 395 millions en 1889 (94). Je ne m'aperçois pas que cette augmentation du produit de l'impôt empêche les Français de fumer ; peut-être la fabrication est-elle plus économique. Quoi qu'il en soit, en vue du bienfait que procurerait à l'immense majorité de la population le *Pain gratuit* pour tous, on consentira bien à une surcharge de l'impôt des tabacs, surtout si l'on considère que celui qui la trouvera trop forte en sera quitte pour fumer un peu moins ; sa santé y gagnera plus encore que sa bourse. Ne connaissez-vous pas de pauvres parents qui pleurent un fils que l'abus de tabac a conduit au tombeau !!

⁹⁶ Pour les autres monopoles de l'Etat, *postes, télégraphes*, je répéterai ce que j'ai dit pour les chemins de fer (94) : le développement de l'aisance publique, dans les classes ouvrières surtout, conduira à un tel développement de la circulation et des affaires, que l'augmentation d'impôt réclamé pour le paiement du *Pain quotitien* sera plus que compensé par la réduction proportionnelle des frais

généraux de transport, de distribution et autres ; et
en somme les taxes ne seront vraisemblablement
point augmentées.

[97] *L'enregistrement et le timbre.* Voilà la source
d'un des plus gros revenus de l'Etat. Nous y trouvons d'abord l'impôt des successions — les droits
de mort comme l'appellent nos paysans.— Ce droit,
pour les successions en ligne directe, du père aux
enfants, est de 1 p. °/₀ (plus les décimes) du chiffre
de la succession. — Dans notre réforme, on paiera
un et demi pour cent au lieu de un pour cent, c'est-
à-dire 50 centimes en plus pour cent francs. C'est
peu de chose, et l'héritier, si pauvre soit-il, qui est
assuré de son *Pain quotidien*, par notre réforme,
ne s'en plaindra pas.

[98] Il n'en sera pas de même peut-être pour l'héritier en ligne collatérale. Pour celui-ci, l'impôt est
dix fois plus fort. Celui qui paye aujourd'hui 10 p.
0/0 du capital dont il est appelé à hériter paiera
15 p. 0/0. C'est beaucoup, assurément ; toutefois
l'héritier aura un moyen suprême de ne pas payer
l'impôt, ce sera de renoncer à la succession ! —
Nous ne pensons pas que beaucoup d'héritiers re-
culent devant le paiement de cet impôt, assurément
élevé.

[99] Quant à l'innombrable nomenclature des *droits
d'enregistrement* et de timbre qui viennent accroî-
tre les frais que nous imposent parfois jusqu'à la
ruine nos procès et nos dissensions, ils sont moins

onéreux encore que les frais de justice, de significations, et tous autres que nous imposent nos trop nombreux procès qui deviendront, espérons-le, moins fréquents alors qu'il y aura plus d'aisance dans la masse de la population. La souffrance aigrit le caractère et rend les gens plus accessibles aux procès.

100 Les droits de mutation sur la vente des propriétés, étant plus élevés, entraveront quelques ventes et pourront diminuer le nombre des changements de propriétaires pour quelques domaines ruraux. Je connais trop bien les inconvénients du changement du personnel et de l'ignorance des traditions dans la culture des domaines ruraux pour me plaindre d'une mesure fiscale qui entraverait un peu ces mutations.

101 La taxe de *3 0/0 sur le revenu* des valeurs mobilières peut être augmentée sans inconvénients. Le rentier qui ne supporte pas comme le cultivateur les ruines qu'entraînent parfois pour lui les intempéries des saisons, peut bien supporter sans se plaindre un impôt de 5 0/0, le vingtième de son revenu, tandis que la terre supporte parfois jusqu'au cinquième de son revenu net ; quatre fois plus !!

102 Reste le produit des *douanes*. La surcharge des douanes sera, comme toujours, fort controversée, car elle intéresse surtout les gros fabricants, les immenses usines, les financiers, qui ont bec et ongles pour se défendre. Or, d'une part, les com-

missions chargées de réglementer l'application de l'impôt pour le *Pain quotidien* pourront exonérer certaines matières importées qui n'ont point leurs similaires en France ; d'autre part, elles ne demanderont pas de surcharge aux matières premières, à celles qui n'entrent en France que pour fournir aux besoins de nos grandes fabriques et être réexportées en étoffes ou autres objets travaillés en France, pour l'exportation étrangère. — La main-d'œuvre n'y perdrait rien.

103 Mais pour toute matière première ou autre, destinée à être mise en œuvre et vendue pour la consommation intérieure de la France, nous demandons sans hésitation que les produits nationaux soient protégés contre l'introduction des produits similaires étrangers.

104 Qu'importe d'ailleurs si nous payons quelque centimes de plus nos étoffes et autres objets nécessaires, si en somme nos usines sont plus occupées, nos ouvriers mieux payés et plus riches !! C'est de la fausse philanthropie que celle qui sacrifie son pays à la fraternité universelle. Voyez la prospère république américaine ! Le produit de ses douanes suffit à payer la plus grande partie des services de l'Etat !

105 En terminant l'exposé de ma pensée, de ce plaidoyer trop long peut-être en faveur de la réforme du *Pain quotidien*, qu'il me soit permis de dire que cette réforme nous doterait, j'en suis con-

vaincu, d'un bienfait plus grand encore que l'aisance pour tous, d'autant plus grande pour chacun qu'il est aujourd'hui plus pauvre et plus malheureux.

Je veux parler de l'UNION opposée à la *lutte des classes*, union qui permettrait de réduire le chiffre écrasant de nos charges militaires ; car une nation vraiment unie ne craint pas, ne peut pas craindre une invasion étrangère et la perte de sa nationalité.

La réforme du *Pain quotidien* assurerait encore au pays d'autres avantages sérieux sur lesquels je reviendrai, en parlant notamment du travail des femmes et de la journée de 8 heures !

TROISIÈME PARTIE

—

DEVOIRS DE LA SOCIÉTÉ

———

106 Il est un point sur lequel nous sommes tous d'accord, sur lequel il ne saurait y avoir de doute : chacun a le droit de vivre. Il est à désirer que tous aient au moins du *Pain* à se mettre sous la dent, que tous ceux qui ont des enfants qui leur demandent du pain puissent leur en donner, qu'aucun père ou mère de famille ne soit obligé de leur répondre : « Je n'ai de pain ni pour vous ni pour moi, mes pauvres enfants, nous devons mourir ensemble. »

107 Nous sommes donc tous d'accord sur ce point : il faut du pain à ceux qui n'en ont pas.

108 Mais on me dit :

« Pourquoi affirmez-vous que c'est la société qui « a le devoir d'assurer le *Pain quotidien* à tous ceux « qui ont faim ? Cette affirmation est grosse de « dangers sociaux. »

109 Je m'expliquerai aussi nettement que je le pourrai, car ma conviction est ancienne et profonde, et ce que quelques personnes considèrent comme pouvant être un danger social serait au contraire, à mon avis, le salut de notre société troublée.

110 La société constituée, ai-je dit, à l'image de la famille, doit protection à tous les membres qui la composent et, ainsi que cela a lieu dans la famille, la protection doit aller d'abord aux plus faibles.

111 Dans la famille, quel est le premier cri de l'enfant qui vient de naître ? Il a faim, il veut manger, il réclame le sein de sa mère, et sa mère ne lui refuse jamais.

112 Dans la famille, quel est le privilégié ? n'est-ce pas le plus jeune, le plus faible ? Si l'un des membres de la famille est malade, infirme, c'est à lui que vont les plus touchantes sollicitudes, c'est pour lui que l'on réserve le dernier morceau de pain, si le pain devient rare ; c'est lui qui est mis le premier à l'abri du froid, si le froid sévit ; c'est pour lui qu'est le meilleur sentier dans un chemin mauvais. Le plus jeune, le plus faible est le privilégié, la première protection est pour lui.

113 *Les grands, ayez soin des petits !* telle est la constante recommandation de la mère dans les nombreuses familles.

Il doit en être de même dans la société dont la famille est le modèle et l'image.

114 La société constituée pour la *protection* mutuelle de tous ses membres est représentée par les pouvoirs publics — assemblées élues à tous les degrés, pouvois exécutif — fonctionnaires de tous ordres : c'est l'État.

115 Ces pouvoirs publics élevés et nommés direc-

tement ou indirectement par tous, par le suffrage universel, ont des devoirs, et rien que des devoirs de protection envers ceux qui les ont élevés.

116 Et c'est pour remplir ces devoirs de protection envers tous, *et non pour un autre but*, que les pouvoirs publics disposent, conformément aux lois, de toutes les ressources de la société, du budget et des hommes même, pour l'armée, la marine, la prestation.

117 Ils n'ont aucuns droits personnels, et leurs devoirs doivent être remplis avec équité, sans arbitraire.

118 La loi supérieure, primordiale, que j'invoque pour imposer à la société le devoir de donner à chacun le *Pain quotidien*, est d'abord le droit de vivre qu'on ne peut contester à aucun de ceux qui viennent au monde ; c'est ensuite la nature des liens qui unissent entr'eux tous les membres d'une même société, d'une même nation, qui ne se sont groupés en société que dans l'intérêt réciproque de chacun, pour se soutenir mutuellement et finalement pour vivre.

119 Toute société fondée et organisée à l'image de la famille chrétienne doit donc être une société de protection mutuelle.

120 Toute autre société n'est qu'une association pour le profit, pour la jouissance, qui n'a point de durée. Lorsque ces sortes de sociétés se dissolvent, leurs membres se mangent entr'eux comme les loups.

[121] Si la société française est aujourd'hui dans un si triste état, si malheureuse et désunie, exposée par sa désunion même aux attentats de l'invasion étrangère et de la guerre civile qui est pire encore, c'est que la *protection* mutuelle, exercée par l'Etat, qui doit, à l'exemple du père de famille, protéger d'abord les plus petits, les plus nécessiteux, a négligé chaque jour davantage sa mission naturelle.

LA PROTECTION.

[122] Toutes les ressources de la France sont employées en PROTECTION : voilà ce que nous montrerons avec évidence ; et, sans rechercher si cette protection est toujours bien appliquée, nous verrons malheureusement que, contrairement à l'exemple de la famille, ce ne sont pas les petits et les faibles qui sont les premiers protégés.

Et affirmant toujours que l'indigent, l'ouvrier, doivent être assurés pour eux et leurs familles du *Pain quotidien* qui leur permettra d'attendre des jours meilleurs, la fin d'un chômage, le retour à la santé.

[123] Je donnerai, je crois, preuves suffisantes que la société peut assurer à tous cette protection du *Pain quotidien*, la première, la plus nécessaire, sans modifier ou restreindre les autres protections déjà acquises.

Les ressources de la société française peuvent suffire à toutes les protections légitimes.

121 Ces protections existantes sont bien acquises ; respectons-les ; mais, dans l'intérêt même de ces protégés, protégeons contre la faim tous les nécessiteux, qui sont si nombreux qu'un accès de mauvaise humeur de leur part pourrait avoir des conséquences graves pour tous les protégés actuels et pour la société tout entière.

125 LA PROTECTION ! mais elle est partout : il n'y a pas une loi, pas une discussion dans les assemblées, pas une polémique dans les journaux qui n'ait en vue et pour but une protection quelconque à établir, à maintenir, à élever ou à atténuer.

126 Les budgets de l'État ne sont qu'une longue nomenclature de protections. Je vais les passer en revue, donner des chiffres pour ceux que les raisonnements de sentiment ne sauraient convaincre.

127 Dans la première partie de mon travail, j'ai donné des tableaux résumés des ressources, des recettes de l'État pour montrer qu'on peut, sans nuire à aucun service existant, pourvoir au gros budget nouveau du *Pain quotidien*.

Dans cette seconde partie, je vais examiner les budgets des dépenses. Tout est employé en protection, et on ne saurait tarder plus longtemps à protéger contre la faim, puisque cela est possible.

LA PROTECTION

DÉMONTRÉE PAR LES BUDGETS.

[128] Les crédits ouverts pour les dépenses de l'exercice 1891 s'appliquent ainsi qu'il suit :

A la dette publique pour	1.300.509.685
Aux pouvoirs publics	13.051.940
Aux services des ministères......	1.573.639.652
Aux frais de régie, de perception et d'exploitation des impôts et revenus publics	337.725.190
En remboursements — restitutions — non valeurs	22.183.500
TOTAL GÉNÉRAL pour 1891.....	3.247.109.967

[129] La somme de 1573 millions appliquée au service des ministères se répartit ainsi qu'il suit :

Ministère de la guerre...........	578.470.845
Non compté pour dépenses extraordinaires	130.000.000
Ministère de la marine..........	218.707.702
— des affaires étrangères..	15.228.800
— de la justice..........	37.636.301
— de l'intérieur..........	70.548.847
Ministère du commerce et de l'industrie	20.555.483
Ministère de l'agriculture........	21.080.330

Ministère du service des postes et
  télégraphes 1.928.200
Service des colonies.............   55.748.920
Ministère des travaux publics 171.915.097
      —   de l'instruction publique.   173.734.849
      —   des beaux-arts.........   12.083.905
      —   des cultes............   45.007.003
      —   des finances..........   20.873.370

Total pour les services généraux
  des ministères................   1.573.519.652

130 Et après cette somme pour arriver au chiffre
total du budget qui est, ai-je dit, de 3 milliards
247 millions, nous trouvons pour frais de régie, de
perception et d'exploitation des impôts et revenus
publics :

Pour le ministère des finances....   185.490.125
      —   des affaires étrangères.   60.000
Pour le service des postes et télé-
  graphes 136.650.135
Pour les forêts (agriculture) 15.524.093

Ensemble p. exploitati^{ons} et régies.   337.724.353

131 Et enfin pour ordre, rembour-
sements et non-valeurs.........   22.183.500
132 Les pouvoirs publics reçoi-
vent (président, sénateurs, députés)   13.051.940
133 Et la dette publique a absorbé. 1.300.569.685

      Total..................   1.335.805.125

134 Nous pouvons examiner plus en détail, au point de vue de *la Protection*, les budgets des différents ministères.

135 Les ministères de la guerre, de la marine, des affaires étrangères qui disposent des hommes d'abord, cette grande force de la patrie, d'immeubles considérables, d'un matériel puissant et de budgets annuels de 578 + 130 + 218 + 15 millions, ensemble 942 millions 467.367 francs, protègent l'intégralité du territoire — la patrie avant tout — et l'ordre public.

136 Les ministères de l'intérieur et de la justice, avec des budgets de 37 et 70 millions, ensemble 108.185.148, assurent l'administration du pays, l'ordre et la sûreté à l'intérieur, la protection de tous les droits de la propriété, de l'observation des contrats, la répression de tous les crimes et délits.

137 Les ministères du commerce, de l'agriculture, des colonies et des travaux publics, sont chargés de l'entretien et du perfectionnement de toutes les voies de communication, de l'outillage général, de protections et d'encouragements avec des budgets de 22 + 21 + 55 + 171 millions, ensemble 271 millions 228.050.

138 L'instruction publique est largement protégée, dans son personnel et ses services, par son budget de 173 millions 734.849.

139 Rentrant dans mon sujet du *Pain quotidien*, je dis ici qu'il faudrait assurer du pain à tous les enfants, avant de leur imposer l'obligation d'apprendre à lire, car « Ventre affamé n'a point d'oreilles. »

140 Les beaux arts, dont le développement est si important dans un pays comme la France, sont justement protégés par un budget de 12.083.905.

141 Le service des cultes, de la religion, qui élève l'homme au-dessus de la matière, jouit d'un budget en partie légué par les générations précédentes, de 45.007.003.

142 Et le ministère des finances prélève pour frais 20.873.370, sur les 1573 millions précités (129).

Après les 1573 millions attribués comme je viens de le dire aux différents ministères, je trouve au budget général le chiffre de 337 millions 724.353 pour frais de régie, d'exploitation et de perception et pour les postes et télégraphes qui viennent en déduction des recettes effectuées par ces différents chapitres.

143 Remarquons qu'un nombre immense de familles, qui comptent par millions, fonctionnaires, employés, ouvriers même de tous ordres, qui dépendent de l'Etat, sous tous les différents ministères que nous venons de passer en revue, sont mis à l'abri du besoin dans le présent et dans leurs vieillesse, par les traitements, pensions de retraites et secours.

144 Et la dette publique !! de 1300 millions annuels !! elle protège encore la fortune et les épar-

gnes de tous. Tout paraît protégé ! car nous trouvons dans les chapitres de la dette publique :

24. Pensions de la pairie et de l'ancien sénat.

28. Secours aux pensionnaires de l'ancienne liste civile des rois Louis XVIII et Charles X.

29. Secours aux pensionnaires de l'ancienne liste civile du roi Louis-Philippe.

30. Récompenses nationales — juillet 1830.

38. Indemnités aux victimes du coup d'Etat du 2 décembre.

41. Indemnités aux blessés de février 1848.

[115] En résumé — Protection à ceux qui ont servi les anciens gouvernements — Protection à ceux qui les ont renversés.

[116] Ce sont des droits acquis, nous ne les discutons pas.

[117] Protection encore à ceux qui ont eu le bonheur de rendre quelques services à l'Etat et d'être remarqués, protection contre l'oubli possible de leurs concitoyens par les décorations et médailles, et le traitement de 10 millions qui leur sont annuellement attribués.

[118] N'avais-je pas raison de dire au début que la nomenclature des protections accordées par la société était innombrable ? quel était l'emploi de tous les budgets, de toutes les forces de l'Etat — personnels — immeubles et matériels — ressources de tous les budgets annuels ?

[119] Cette revue fait ressortir plus vivement l'injus-

tice du manque de protection là où cette protection fait défaut ! Et elle fait défaut là où précisément elle serait le plus nécessaire, car les membres de la société les plus faibles — contrairement à ce qui se passe dans la famille — ne sont pas protégés contre la faim et contre l'étiolement de la population.

150 Je crois donc pouvoir affirmer, comme je l'ai fait dès le début de mon travail et au commencement de cette troisième partie, que c'est bien *la société qui a le devoir d'assurer le* Pain quotidien *à tous ceux qui ont faim.*

151 Or, la société a des ressources suffisantes pour remplir les devoirs qui lui incombent.

LE PAIN A TOUS

MÊME A CEUX QUI NE DEMANDENT POINT.

152 Une objection fort sérieuse en apparence m'a été faite.

153 « Pourquoi donner de quoi acheter le *Pain* « *quotidien,* même à ceux qui ne le demandent pas, « à ceux qui n'en ont pas besoin ? » ([12]).

Je réponds :

154 Ceux qui demandent, les mendiants, sont-ils donc seuls à avoir besoin de pain pour eux et leurs enfants ?

155 Bien loin de là — aux méndiants eux-mêmes on ne donne pas tout le pain dont ils auraient besoin ; certains mendiants, habiles à quémander, peu intéressants parfois, entravent la charité même et font tort aux véritables indigents.

156 Les secours aux mendiants sont arbitraires et, par cela même, on doit chercher mieux. Les administrateurs à tous les degrés ne doivent pas pouvoir disposer des deniers publics, arbitrairement, suivant leurs impressions, leurs intérêts parfois, la conformité des opinions politiques ou religieuses de ceux qu'ils secourent, avec de l'argent qui ne leur appartient pas. Cet arbitraire possible présente de tels inconvénients, que l'administrateur le plus intègre serait encore soupçonné d'obéir à ses intérêts, de favoriser ses créatures. — Dans une société bouleversée comme la nôtre, cette supposition injurieuse est générale.

157 Mais il y a plus, et voici le plus important : Il ne s'agit point seulement ici d'assurer du pain aux mendiants ou à ceux qui en demandent. Il faut en procurer sans délai, au moment opportun, à tous ceux qui n'en ont pas ou qui n'en ont point assez pour eux et leurs familles.

158 Car il ne faut pas qu'une seule famille meure de faim, ou souffre dans sa santé, son développement, faute de pain.

Quel moyen peut avoir l'administration de connaître ceux qui ont besoin de pain, s'ils n'en demandent pas ?

159 Et même, s'ils demandaient, encore faudrait-il

du temps à toute administration d'assistance pour prendre des renseignements, faire des enquêtes.

160 Et pendant ce temps, celui qui a faim, victime de circonstances inattendues, imprévues,—maladie, impossibilité de faire les démarches nécessaires, manque de travail, imprévoyance peut-être, — arrivera au moment où le pain manquera, il endurera la faim en attendant les enquêtes et il en souffrira dans sa force, dans sa santé, dans la santé de sa famille — souffrances physiques et morales.

161 Et, en attendant, la malheureuse famille aura vendu, peut-être à vil prix, des objets utiles, des vêtements, des instruments de travail ? Elle sera tombée dans la misère noire d'où elle aura grand peine à se relever, si toutefois elle n'est pas démoralisée et perdue à jamais.

162 Ce n'est que par une mesure générale, radicale que l'on peut pourvoir aux besoins.

163 Et je suis fondé à affirmer qu'il faut donner la subvention du *Pain quotidien*, 4 francs par mois et par tête, à tout membre de la société, pauvre ou riche aujourd'hui, si l'on veut être assuré que tout membre de la société aura pour lui et les siens du pain en quantité suffisante, le pain nécessaire à la conservation de la vie, dès demain, en temps opportun, sans enquête, sans protection autre que celle de la grande société dont il fait partie, sans honte et sans abaissement et sans tendre la main, car sa main pourrait rester ouverte sans que *l'assistance* y déposât une obole en temps utile.

164 Où trouverait-on d'ailleurs, dans les conditions actuelles des budgets, les grosses sommes nécessaires pour subvenir à tous les besoins, souvent inopinés, résultant de chômages, de grèves, de température anormale ?

165 Dans la combinaison nouvelle que je présente pour la réforme du *Pain quotidien*, on peut trouver la certitude de donner du pain à tous ceux qui en auront besoin, au moment opportun.

166 Et, chose digne de remarque, la somme énorme, nécessaire pour former le budget de cette réforme, non seulement apportera à la grande masse des ouvriers une aisance qui profitera à la nation tout entière, sans avoir nui à personne, mais encore elle se trouvera facilement, ainsi que je le démontre.

ON NE PREND RIEN AUX RICHES.

Autre objection qui se présente à l'esprit de chacun, et aucune n'est moins fondée.

On me dit :

167 « Ce que vous voulez donner aux pauvres, on « devra donc le prendre dans la poche des riches? »

168 Non, on ne prendra rien aux riches.

169 Les riches ! mais combien y en a-t-il donc ? 5 — 10 familles sur mille, et encore ! Prenez leurs millions, leurs milliards, si vous le voulez, et distribuez-les entre tous : combien y aura-t-il pour cha-

cun ? Une obole : le compte en a été fait récemment.

170 Et on aura détruit pour toujours quelques agglomérations de capitaux qui ont leur raison d'être et leur utilité dans une grande société française ; ils attirent l'attention par leur élévation, ils sont vus de loin et on les jalouse par un sentiment indigne d'une grande nation.

171 Respectons le bien d'autrui, si considérable soit-il, comme nous voulons que le nôtre, si faible qu'il soit, demeure bien à nous, respecté et protégé.

172 Non, la réforme du *Pain quotidien* ne prendra point au riche, elle ajoutera à l'aisance d'un grand nombre, et donnera à tous, même aux plus riches, cette sécurité qui naît d'une plus grande prospérité dans la masse d'une nation qui est garantie par l'union des classes.

173 Toutes les ressources nouvelles provenant des contributions directes ne seront point une charge pour le riche, puisqu'il trouvera dans la recette personnelle de tous les siens et de ses serviteurs, somme plus que suffisante pour payer la surcharge probable de 50 %, ainsi que je l'ai établi dans mon premier travail ([43] et notes, [46] s.).

174 Quant aux impôts directs, j'ai établi ([47]) qu'ils ne chargeraient guère le riche, tous le paieraient, pauvres, riches, étrangers, tous ; et les explications que j'ai données avec chiffres à l'appui ont dû convaincre ceux qui ont étudié la question avec soin et sans parti pris.

Voyons maintenant les contributions indirectes (48 — 211).

175 Les riches, les familles aisées, ne seront atteintes que bien faiblement, pas plus du reste que les familles ouvrières, ce dont ils ne sauraient se plaindre.

176 Les riches qui ont des rentes sur l'Etat, des traitements, des pensions du gouvernement, ne subiront pas d'augmentation d'impôts, même d'un centime, pour cette portion de fortune.

177 Tandis que plus ils sont riches, plus ils profiteront dans leur richesse de la protection de l'Etat.

178 Pour la protection du territoire par l'armée, ce sont encore les moins riches qui, en raison de leur grand nombre, supportent les plus fortes charges, soit par leur service personnel, soit par les privations que causent aux familles l'absence des hommes les plus valides pour le travail de la famille.

179 Ce sont bien les riches aussi qui profitent plus particulièrement des garanties que les administrations de l'enregistrement, du timbre, des hypothèques apportent à la conservation et à la transmission de leurs propriétés, et à la sécurité de leurs jouissances.

180 Leur commerce, leurs industries sont également favorisés par les voies de transports et de communication, dont quelques-unes sont, par les prestations, une charge particulière et plus grande

pour les pauvres, relativement à l'intérêt personnel qu'ils peuvent y avoir.

[181] Ils profitent également davantage des grands sacrifices faits pour l'instruction primaire et supérieure à tous les degrés.

[182] Non ! et nous tenons à le répéter, les ouvriers, les nécessiteux, trouveront de grands avantages, incontestables dans la réforme du *Pain quotidien.*

[183] Mais cette réforme ne se fera pas aux dépens des riches, qui en général y trouveront et leur profit et une sécurité qui leur fait défaut depuis bien longtemps.

LE CABARET.

[184] « Il ne faudrait pas, me dit-on, que ce qui sera « donné pour le pain de la famille fût dépensé en « quelques jours au cabaret. »

[185] Cette crainte est mal fondée, sauf de très rares exceptions.

[186] Lorsque la mendicité sera partout interdite et repoussée, certains caractères abaissés par l'exercice et l'abus de la mendicité se relèveront.

[187] D'ailleurs, le règlement d'administration publique qui déterminera l'application de la réforme, dira lequel du père ou de la mère recevra, dans certains cas de conflit, la rente mensuelle de 4 fr., incessible et insaisissable attribuée aux enfants mineurs (voir [80] la note).

¹⁸⁸ Quant aux bons ouvriers, ils aiment tendrement leurs enfants, travaillent pour eux et leurs sont dévoués ; ce serait les mal connaître que de croire qu'ils les abandonneraient aux souffrances de la faim.

CHARITÉ LÉGALE. — CHARITÉ PRIVÉE.

¹⁸⁹ Tous les bons esprits repoussent la charité légale qui n'est pas praticable, de grands écrivains l'ont combattue dans des volumes avec les plus forts arguments.

¹⁹⁰ Il me semble que brièvement on peut faire comprendre que ces deux mots — charité et légalité — vont mal ensemble : qui dit légal dit chose obligatoire, sans arbitraire, égale pour tous, et la charité *Caritas* signifie l'amour, l'amour de son prochain. Ces deux mots ensemble veulent donc dire amour obligatoire !

¹⁹¹ La société a des devoirs de protection, elle n'a aucun droit d'imposer l'amour obligatoire.

¹⁹² Mais *l'Assistance publique !* elle est souvent inapplicable, arbitraire, *elle n'arrive point à temps :* elle a reçu du reste un coup mortel le jour où de tous ces beaux monuments dont un grand nombre étaient un héritage des siècles de foi, on a chassé les dévouements chrétiens qui les administraient avec tant de zèle et d'abnégation après les avoir fondés.

193 Il reste des corps de pierres, on en voudrait construire d'autres encore, mettre toujours *pierres* sur *pierres*, tandis qu'on réclame partout *pain* sur *pain*.

194 Ces corps de pierre sont sans vie, on en a chassé les âmes et on a détruit ainsi une des grandes gloires et richesses de la France.

195 La charité chrétienne et privée reste et demeure, celle-là, toujours prête au sacrifice, rien ne peut la détruire, elle est d'institution divine.

196 La réforme du *Pain quotidien* lui enlèverait le souci permanent et brutal du pain de la famille, et lui permettrait de mieux soulager désormais mille autres souffrances délicates, de maladies, d'imprévus ; d'aller chercher discrètement les misères *qui se cachent dans les petits coins.*

197 Et la charité chrétienne contribue d'autant mieux à calmer les haines et les colères sociales, qu'elle part du cœur, qu'elle attache, n'ayant nul souci d'acquérir des droits à la reconnaissance de ceux qu'elle oblige. Elle attend sa récompense dans une autre vie.

LE SOLDAT.

198 Je ne veux parler ici que pour mémoire du soldat qui trouverait dans la réforme du *Pain quotidien* un commencement de compensation au travail sans salaire, aux sacrifices qu'il fait à la Patrie :

arrivé à la force de l'âge, après avoir coûté tant de peines et de soins à ses parents, il s'éloigne d'une famille parfois sans ressources, au moment où il pourrait le mieux lui donner l'aide de son travail.

BUDGET DU PAIN QUOTIDIEN.

[199] On me rappelle toujours à la grande question : « Est-on bien assuré de trouver dans le système les « ressources suffisantes pour la somme énorme que « nécessitent le budget du *Pain quotidien?* » ([3] à [9], [36] à [39], [90] à [118]).

[200] J'ai mis sous les yeux des lecteurs de nombreux renseignements, des documents statistiques importants sur les contributions directes et indirectes qui alimentent les caisses de l'Etat.

[201] Et j'ai montré que l'aggravation des charges pour le *Pain quotidien* ne saurait être préjudiciable aux familles assujetties au paiement des contributions directes.

[202] J'ai dit que ce seraient les contributions indirectes qui pourraient être particulièrement surchargées dans l'avenir; on a pu voir ([88]) quelles sont les ressources, l'élasticité de cette nature d'impôts qui portent sur les choses plus que sur les personnes ([81]), qui s'identifient avec les dépenses que l'on fait sans regret ([83]), qu'on acquitte journellement et imperceptiblement ([83]).

[203] Quoique les renseignements donnés sur les

contributions indirectes paraissent assez complets,
on y revient : on ne peut pas croire qu'elles puissent supporter de telles charges.

Je dois donc moi-même y revenir en cherchant
à faire partager mes convictions à ce sujet.

SOURCES DE LA CONTRIBUTION INDIRECTE.

[204] Cette somme énorme, ai-je dit, doit être ob-
tenue de sources infiniment petites ;

Que ce mot de sources que je viens d'écrire me
permette de développer ma pensée par un exemple.

[205] J'ai vu la Loire, notre beau fleuve central, à
Nantes, à Indret, à Saint-Nazaire :

Que de millions de mètres cube d'eau il déverse
dans la mer en quelques instants !

[206] D'où viennent donc ces masses liquides ?

Je connais les montagnes du Forez et de l'Auvergne, les Marches du Puy-de-Dôme et de la
Creuse, nos vallées du Centre, depuis Lavault-
Sainte-Anne (Montluçon), où la vallée n'a pas 100
mètres de large, jusqu'aux plaines de la Tourraine
et de l'Anjou.

[207] Eh bien ! Je vois au point de départ la moindre
rosée former bientôt sur les pointes d'herbes, sur
les feuilles, une goutelette qui, se joignant à d'autres, constitue bientôt une goutte d'eau qui tombe
dans le sable, pénètre parfois dans la terre pour
former et alimenter les sources, ou bien coule sur

la terre et forme un premier ruisselet gros comme le doigt. Ces ruisselets coulent, coulent, se réunissent, forment les ruisseaux qui sont repris pour l'irrigation des prairies, dont l'humidité s'évapore pour former les nuages qui vont plus loin retomber en rosées et en pluies, pour arriver toujours aux terrains les plus bas.

208 Les observateurs, les statisticiens vous diront quel sera en moyenne le nombre de décimètres d'eau qui tombent sur la terre dans le courant d'une année : Le géomètre vous dira quelle est l'étendue en hectares ou en kilomètres carrés des terres qui forment le bassin d'un fleuve comme la Loire : vous pourrez par ces chiffres connaître la masse des eaux qui arrivent à la mer à chaque seconde par la Loire et les débouchés secondaires de ce grand bassin.

209 Et vous serez étonné à la pensée du chemin parcouru par la goutelette d'eau observée, à l'un des points élevés de la chaîne des monts d'Auvergne, dans la Corrèze ou la Creuse, et qui, réunie à des milliards de goutelettes venues de tout le bassin, constitue cette masse effrayante d'eaux deversées dans la mer par le bassin de la Loire.

210 Même phénomène se présentera pour la formation du budget nécessaire au *Pain quotidien*.

211 Pour vous convaincre, je citerai des exemples : Nous savons (31) quelle somme considérable produirait une augmentation d'impôt de 2 centimes par litre sur le vin.

Voyons maintenant le morceau de sucre.

[212] Je prends le sucre, parce que c'est un des produits les plus usuels et le plus atteint par l'impôt indirect. Il paye, je crois, en impôt autant qu'il coûte de fabrication : s'il revient au consommateur à 50 cent. la livre (500 grammes), il paye 25 cent. aux contributions ; tandis que son véritable prix coûtant n'est que d'une somme égale, de 25 cent. la livre, en matière première, fabrication, raffinerie, transports et bénéfice de nombreux intermédiaires.

[213] Je viens de prendre chez l'épicier une livre de sucre cassé en morceaux à peu près réguliers : je trouve que 75 morceaux pèsent 500 grammes.

[214] Donc, si pour la réforme du *Pain quotidien*, il me faut augmenter l'impôt du sucre de 15 cent. par livre, le prix d'achat du sucre sera augmenté de 1 centime pour 5 morceaux.

[215] A qui fera-t-on croire que cette augmentation du prix du sucre sera pour le riche une charge trop forte, dont il aurait à se plaindre ?

[216] Et pour l'ouvrier, l'indigent, pour toutes les familles plus ou moins aisées qui trouveraient dans la réforme du *Pain quotidien* une augmentation annuelle de revenu de 240 à 400 francs ([30] à [45]), non seulement il aurait profit à la réforme qui grèverait son morceau de sucre, mais, ayant plus d'aisance, il économiserait moins le sucre ; celui qui n'en use point aujourd'hui n'en refuserait plus à la tisane du malade, et l'accroissement de la consom-

mation réduirait les frais généraux de la fabrication et le taux même de l'impôt nécessaire.

[217] Résultat obtenu par l'augmentation de l'aisance générale de la population.

[218] Car il ne faut pas oublier le tableau que j'ai donné ([31]) de la richesse relative des familles, dont il résulte que sur mille familles 963 deviendraient plus aisées par le fait même de la réforme du *Pain quotidien :*

[219] Sans que les 9 ou 37 familles par mille que notre tableau indique comme n'ayant pas une part directe au profit, aient à souffrir dans leur bien-être de la faible augmentation des impôts indirects.

[220] Combien n'y a-t-il pas de riches qui, dans leur année, ne consomment pas plus de morceaux de sucre ou de litres de vin que l'ouvrier dont le rude travail nécessite une forte alimentation ?

OBSTACLES A LA RÉFORME.

[221] Je m'attends à une dernière et suprême objection.

Quels que soient, me dira-t-on, vos raisonnements, vos chiffres, vos tableaux, vous n'arriverez pas à trouver des pouvoirs publics qui se lancent dans une mesure qui conduit à une augmentation subite d'impôt de près d'un milliard ! La crainte de l'inconnu arrêtera les plus hardis.

Oui, cette objection est fondée.

222 Je vous dirai bien que de 1870 à 1890, en vingt ans, nos pouvoirs publics issus du suffrage universel ont augmenté le budget des dépenses de 1400 millions (¹), somme plus que suffisante pour payer le *Pain quotidien* ; et ont augmenté aussi la charge du service militaire pour les hommes et pour les familles. Et qu'a-t-on fait de cette somme énorme ? On n'a pas assuré le Pain de la famille, ce premier devoir de toute société.

223 Nous pourrions trouver quel a été l'emploi de ces énormes capitaux : augmentation de l'armée, de la marine, du matériel, des bâtiments d'école, des employés et fonctionnaires de tous ordres en nombre et en traitements, en pensions, etc., etc.

224 Et rien pour le pain des pauvres et des ouvriers.

Eh bien ! non : les pouvoirs publics n'oseront pas entrer dans cette voie, je suis disposé à le croire.

225 Mais ce que n'oseraient faire les délégués, assemblées et ministres, la population tout entière peut le faire, et elle peut établir la réforme sans désordre ni révolution.

(1) Dont partie est employée au paiement d'intérêt d'emprunts nouveaux, d'où il résulte que la somme dépensée a été d'un chiffre bien plus élevé.

SUFFRAGE RESTREINT.

226 Cherchons un exemple : Voyez les luttes qui ont précédé l'établissement du suffrage universel, de 1830 à 1848.

227 Avant 1830, pour élire les députés représentant la nation tout entière, il y avait des collèges électoraux composés des plus imposés : il fallait payer au moins 300 francs de contributions directes (foncière, personnelle et mobilière, portes et fenêtres et patentes) pour être électeur.

228 Quelles n'ont pas été les luttes de cette époque, sans succès, pour abaisser le cens à 200 francs? Et l'on n'a rien obtenu : les priviligiés ont résisté et ont gardé leur privilège.

229 Quels n'ont pas été les efforts tentés pour faire au moins admettre au nombre des électeurs ce que l'on appelait les capacités ! les diplômés des grandes écoles de l'Etat, droit, médecine, sciences, etc.

230 Tous ces efforts ont échoué en depit des raisonnements les plus sensés : tout a échoué.

231 Et, par brusque transition, tous les désirs exprimés ont été dépassés, tout cens électoral a été aboli — toute capacité a été déclarée inutile, même celle d'écrire son bulletin de vote.

SUFFRAGE UNIVERSEL.

232 Le suffrage universel a été institué.

Ainsi en sera-t-il pour la réforme du *Pain quotidien.*

233 Et ce sera justice. Cette réforme sera utile à tous et ne nuira à personne. Elle contribuera au rapprochement, à l'union des classes ; cette union garantira la patrie contre toute crainte d'invasion étrangère.

231 Elle sera acclamée comme le suffrage universel : nous en avons la confiance.

LA FEMME ET LES ENFANTS.

235 La réforme du *Pain quotidien* faciliterait singulièrement la solution de la très intéressante question du travail des femmes — de la protection des femmes et des enfants, si nécessaire pour l'avenir de la population.

236 L'enfant, à l'instant de sa naissance, est sous la protection de la loi. Si l'on annonce sa mort, si l'on soupçonne un infanticide, le médecin est appelé. L'enfant a-t-il respiré ? Le médecin prononce et, en cas d'affirmative, la sociétée exerce des poursuites pour crime ou pour imprudence.

237 La société a-t-elle fait quelque chose pour prévenir l'imprudence ou le crime ? va-t-elle faire quelque chose pour ce nouveau-né, ce citoyen naissant?

238 Non! la société se bornera à faire enregistrer les décès multiples des enfants pendant les premiers mois, pendant la première année de la naissance.

Eh bien! il y aurait mieux à faire :

239 La société doit protéger l'enfant dès avant sa naissance : elle doit protection à la femme ; en protégeant la mère, la société remplira son devoir envers l'enfant.

240 La population sera plus nombreuse, plus saine et plus vigoureuse : l'humanité, le patriotisme, l'avenir même de la société exigent des réformes en ce sens.

241 Les filles, avant même que leur croissance ne soit complète, sont admises, dans les fabriques et manufactures, dans les ateliers et les bureaux où elles sont en nombre.

242 Ce sont désormais des machines, prises dans un engrenage, qu'un malaise, une souffrance ne devront plus arrêter : qu'elles s'étiolent, qu'elles dépérissent, n'importe : elles sont ouvrières, elles sont dans l'engrenage, qu'elles y restent !

Est-ce donc là une préparation convenable à la maternité, aux efforts, aux souffrances, aux devoirs qu'elle impose ?

243 La jeune fille se marie-t-elle? sa position est pire encore : elle continue cette vie de travail en commun, dans un air souvent vicié: des efforts

souvent, mais point de cet exercice modéré au grand air, si nécessaire à la femme dont la maternité est prochaine.

214 Dans ces conditions la société peut-elle compter sur des enfants sains et vigoureux qui seront plus tard la force et l'orgueil du pays ?

215 Et ces nombreux décès que la société fait enregistrer dès la première année de la naissance, ne sont-ils pas la conséquence directe de l'épuisement prématuré de la jeune fille ? des efforts, des fatigues, du manque de soins suffisants de la mère pendant de longs mois d'épreuve ?

216 Et plus encore ! cet enfant qui vient de naître a besoin d'allaitement, de soins de jour et de nuit, si multipliés, si dévoués que l'amour maternel peut seul les donner, dont l'homme comprend à peine toute l'intensité.

217 Que fait la société ? Rien.

218 La femme retourne à la fabrique, à l'atelier, au bureau, — et l'enfant souffre ! et la mortalité augmente !

219 Qui oserait dire que la société n'a rien à faire en présence de tels faits, si vrais, si tangibles ?

220 Quels sont les devoirs de la société, et comment peut-elle les remplir ?

221 Elle doit protéger la femme dans son développement, dans sa maternité, dans l'accomplissement de ses nombreux devoirs de mère de famille et d'épouse.

252 La société a un devoir : nous verrons qu'elle peut le remplir.

253 Le travail des filles et des femmes doit être supprimé, absolument interdit, dans les mines, les usines, les manufactures, les ateliers, les bureaux et les établissements publics.

254 C'est l'Etat qui devrait partout donner l'exemple ! Loin de là, on voit partout sa tendance à employer des femmes là où leurs forces restreintes paraissent suffire — et en cela l'exemple de l'Etat est suivi par les grandes administrations semi-publiques ou privées.

255 On les paye moins cher, elles font concurrence aux hommes : elles remplissent les emplois qu'occuperaient les jeunes hommes, les apprentis ? Que reste-t-il à ceux-ci ? L'oisiveté, la misère parfois, l'engagement militaire.

256 Et cependant la population diminue, s'étiole, par les efforts imposés aux femmes avant et après la maternité.

257 Eh ! sans doute, on donne aux femmes plus d'instruction, souvent inutile ou dangereuse ; mais elles connaissent moins les devoirs du ménage et de la maternité, et elles s'en dégoûtent.

LE TRAVAIL DES FEMMES.

258 Nous avons dit que le travail des femmes dans les usines et les bureaux ôtaient le travail, les moyens d'apprentissage, l'habitude du travail aux jeunes gens ; nous avons parlé des engagements militaires.

²⁵⁹ Voyez à cette heure même les bureaux de recrutement envahis : ce sont presque des enfants, et ils s'engagent faute de travail assuré pour l'hiver prochain ! Ils sont livrés aux dangers de la caserne avant leur formation complète comme hommes ! soldats de 18 ans ! troupe ardente mais peu solide !

²⁶⁰ La suppression du travail *public* des femmes s'impose : le travail *privé et utile* ne manquera jamais aux femmes dans leur ménage, dans leur famille, à la campagne.

²⁶¹ On peut dire que la femme est plus dévouée et persévérante au travail qui est vraiment le sien, que l'homme même qui a été, lui, condamné au travail et à gagner son pain à la sueur de son front.

²⁶² Si dans les quartiers ouvriers, lorsque déjà la nuit est avancée, vous voyez luire une faible lumière derrière une vitre, il y a fort à parier que ce n'est point un homme, que c'est une femme, une mère, qui lutte contre le sommeil pour réparer des vêtements, préparer le lendemain. ou veiller un pauvre malade.

La femme doit rester à son ménage ; à l'homme la charge du travail lucratif.

²⁶³ L'homme est condamné au travail, à gagner son pain à la sueur de son front — et la femme à enfanter dans la douleur.

LE PAIN A TOUS.

264 Une condition essentielle pour faciliter le renoncement des femmes au travail lucratif, pour les exclure des mines, manufactures, ateliers, bureaux, c'est d'assurer à tous le *Pain quotidien*; qu'on assure à l'ouvrier le pain, et il pourra débattre avec le patron les conditions de son travail. — Il souffrira n'ayant que du pain et de l'eau; — mais il n'aura pas crainte de la mort, de la destruction de la santé pour lui et les siens.

265 Moins de colère et de rage — plus d'égalité et d'union des classes ayant besoin les unes des autres — plus de liberté pour tous !

266 Nous sommes ramenés de toutes parts et toujours à la question du *Pain quotidien*.

267 Mais, dira-t-on, on donne du pain aux pauvres !

Sans doute l'assistance publique, la charité privée surtout s'en occupent sans cesse. Mais quels sont les pauvres qui sont secourus? Les mendiants ! On ne donne qu'à ceux qui demandent; on est loin de satisfaire tous les mendiants ! et l'on n'offre pas à ceux qui ne demandent pas ! la mendicité est parfois odieuse ! et parfois les mendiants volent les vrais pauvres !

268 Ce n'est pas des mendiants que nous nous occupons aujourd'hui, mais des ouvriers.

269 Il faut du pain sans lésinerie, et du bon pain pour le développement des enfants, de l'espèce !

270 Il faut du pain à la femme qui enfante, qui tient le ménage.

271 Il faut du pain à l'homme malade — ou convalescent — ou faible — qui ne peut travailler que quelques heures.

272 Il faut du pain à l'homme sans ouvrage — en chômage.

273 Il faut du pain à tous ceux qui en ont besoin, sans discussion, sans enquête, sans favoritisme.

274 Quels moyens avez-vous de donner ainsi du pain dans toutes les conditions sus-énoncées ?

275 Nous répèterons ici en peu de mots ce que nous avons dit plus longuement ailleurs.

276 Il n'est qu'un moyen sans enquêtes :

277 C'est de donner du pain à tous, sans exception aucune, même à ceux qui paraissent n'en avoir nul besoin pour le moment. A tous vous donnez le pain — ou plutôt l'argent qui représente la valeur du pain quotidien — vous le donnez à tous chaque jour ou mieux chaque mois.

278 Les uns le porteront de suite chez le boulanger — d'autres qui gagnent assez épargneront pour les mauvais jours — d'autres plus aisés, et jusqu'aux plus riches, tous ceux enfin qui payent des impôts, acquitteront tout ou partie de leurs impôts.

279 L'assurance du pain quotidien pour tous rend possible, facile même, la protection de la femme.

280 Abordons en face la question du pain quotidien pour tous : cherchons à la résoudre, et les questions si dangereuses, si inquiétantes, des 8 heures, des grèves, des chômages, de la lutte des classes, du socialisme révolutionnaire, de l'arrêt dans le nombre des naissances et dans le développement de la force de l'homme, se trouveront réduites dans des proportions incroyables.

281 La réforme du *Pain quotidien* est la base des réformes sociales.

LA JOURNÉE DE 8 HEURES.

282 La réforme du *Pain quotidien* satisferait un très grand nombre des partisans de la journée de 8 heures, question menaçante pour l'ordre public, soulevée naguère par les meneurs du socialisme révolutionnaire du monde entier.

283 Il est assez naturel que dans ce siècle des machines, qui perfectionnent et rendent plus rapides tous les travaux, l'homme appelé à diriger ces machines, à y appliquer son intelligence, devienne moins machine lui-même, ait besoin de plus de temps pour son repos, pour ses études.

284 Un moins grand nombre d'heures de travail à salaire égal pourrait être demandé à l'ouvrier, d'autant que le travail fait défaut sur quelques points et que nombre de jeunes hommes qui ne sont point employés pourraient alors trouver de l'emploi.

285 L'Etat ne peut intervenir dans la fixation du travail que pour garantir l'exécution des contrats : il faut maintenir partout la liberté du travail.

286 Mais l'ouvrier, qui serait assuré de 4 fr. par mois et par chaque personne de sa famille, serait protégé contre les exigences du patron qui lui paraitraient injustes par cela même qu'il ne souffrirait pas de la faim en attendant la reprise du travail.

287 Et l'application de la loi de l'offre et de la demande, fonctionnant librement entre patrons et ouvriers, faciliterait les transactions.

288 Il s'est réuni cette année un grand nombre de Congrès s'occupant des questions sociales. Les conclusions du congrès catholique d'Angers déterminant les devoirs des pouvoirs sociaux de l'Etat et la limite de leurs droits ont été publiées.

289 A Lille, à Calais, et en Allemagne, à Hall, les congrès socialistes ouvriers ont eu une grande importance que l'on ne saurait méconnaître sans dangers pour la société tout entière (1). Ils ont conclu unanimement à la révolution sociale et, comme moyen, à la journée de 8 heures.

290 Qu'est la journée de 8 heures ?

291 Les trois 8, comme ils l'appellent : 8 heures de travail ; — 8 heures pour manger, ou s'amuser, ou s'instruire, dit-on ; — 8 heures pour dormir.

292 La première manifestation de l'idée de la journée de 8 heures paraît remonter au Congrès de

____

(1) On lit dans le *Réveil social* de Commentry, du 25 octobre 1890 : « Bien aveugles sont ceux qui ne la voient pas venir triomphante et victorieuse, la révolution sociale. »

Genève, 2 septembre 1866 : pendant vingt ans elle a fait son chemin dans l'ombre ; elle vient d'éclater unanimement dans tous les congrès socialistes du monde. C'est le drapeau de la révolution sociale, c'est le cri de ralliement de tous les appétits, de toutes les souffrances qui montent à l'assaut de la société avec la puissance du nombre.

203 Est-ce une réforme utile que l'on recherche en proclamant cette formule ? Est-ce la satisfaction d'un besoin général, d'une nécessité sociale ?

204 Nullement : les révolutionnaires cosmopolites qui lancent et propagent cette idée le savent et le comprennent aussi bien que qui que ce soit.

205 Mais il leur fallait un drapeau autour duquel il leur fût possible de rallier tous les mécontentements, de former l'armée immense qui leur est nécessaire pour l'accomplissement de leurs desseins ; ils ont trouvé « La Journée de 8 heures. »

206 En elle-même cette soi-disant réforme n'en est pas une, ainsi que nous allons le démontrer ; mais c'est peut-être un cri de ralliement puissant pour grouper les volontés éparses : c'est un truc, pourrait-on dire en se servant d'une expression vulgaire, mais ce peut être un truc puissant, irrésistible.

207 Qu'ils s'adressent, en effet, à des ouvriers de tous pays — de tous états — de toutes opinions, même politiques ou religieuses, et qu'ils leur disent :

208 « Aimes-tu mieux, pour toi et les tiens, travail-

« ler 8 heures, plutôt que de travailler 10 ou 12 heu-
« res, — à prix égal ? »

299 La réponse ne peut être douteuse, et les adhé-
sions arrivent à foison.

300 Le terrain de combat pour la révolution cos-
mopolite et prochaine est donc admirablement bien
choisi par eux, bien préparé, inexpugnable.

301 Ne les attaquez pas sur ce terrain, vous
échoueriez.

302 Mais ils promettent ce qu'ils ne peuvent évidemment pas tenir, car toute révolution aggrave
le sort de l'ouvrier et du pauvre, tandis que les
chefs s'engraissent et s'enrichissent en prenant les
places et les positions lucratives.

303 Si leurs programmes et leurs actes doivent
conduire la société et la patrie à une ruine cer-
taine, il appartient aux hommes honnêtes et sérieux
d'éclairer les populations que la misère entraîne :
il leur appartient d'étudier et de présenter de vraies
réformes sociales, réalisables, qui puissent améliorer le sort des populations.

304 Arrêtons-nous d'abord sur les impossibilités
de la journée de 8 heures :

305 Nous discuterons ensuite les réformes qui nous
paraissent être de nature à améliorer le sort des
ouvriers.

306 La réglementation par l'Etat, dans tous les
pays, du nombre d'heures qui seront consacrées
chaque jour au travail, est une conception fausse

évidemment. Y a-t-il donc égalité de forces — de facultés — de travaux même, pour que chacun soit assujetti au travail de 8 heures, et qu'il soit interdit de travailler au-delà ?

[307] Joignez-y le salaire égal, si vous voulez : cela n'ajoute guère à l'absurdité de la proposition.

[308] Il n'est pas besoin de démontrer, tant cela est évident, que le travail ne peut pas être égal pour tous — forts ou faibles — bien portants ou souffreteux — habiles ou maladroits — instruits ou ignorants — courageux ou paresseux.

[309] La violation de la liberté individuelle par l'Etat, qui doit être un protecteur et non un tyran, serait ici odieuse au premier chef.

[310] Tout homme de sens le comprend : chacun est libre de son travail et ne peut pas plus être contraint par l'Etat de travailler 8 heures chaque jour, qu'il ne peut être contraint de rester oisif après ces 8 heures, s'il a de l'ouvrage qui lui convienne.

[311] La liberté du travail, cela seul est possible. L'homme est condamné au travail manuel, au travail de la terre principalement, jusqu'à la sueur de son front, de même que la femme a été condamnée à enfanter dans la douleur !

[312] Mais le travail ne peut être égal pour tous ! tel travail est pénible, tel autre est facile : tel n'éprouvera pas de fatigue après 10 ou 12 heures de travail, tandis que tel autre sera épuisé, mouillera son front après quelques heures, suivant âge, santé, etc.

313 Que chacun travaille donc suivant sa volonté, sa force et sa liberté.

311 Il faut que l'ouvrier soit libre de traiter avec le patron : l'État ne peut intervenir dans les termes du contrat que pour en protéger l'exécution.

315 Jusque-là, il faut le dire, l'égalité n'existe pas complète entre les contractants : le patron peut chômer : l'ouvrier ne le peut pas ; il n'a point d'épargne, ses enfants lui demandent du pain.

316 La société doit donc assurer à l'ouvrier au moins le *Pain quotidien* qui lui permettra d'attendre des temps meilleurs, et de conserver indépendance et liberté vis-à-vis de tous.

317 Il faut aussi que la société protège le travail national dans l'intérêt des ouvriers des campagnes et des villes comme dans celui des patrons.

318 Il est désirable que le travail abonde et qu'il soit rémunérateur pour tous dans la mesure du possible.

319 Voilà ce que nous désirons, ce que nous demandons à la société, voilà le progrès auquel nous pouvons arriver par les réformes que nous soumettons au public sur la grande question du *Pain quotidien*.

CONCLUSION

330 J'ai dit ([113]) quel était, dans les nombreuses familles, le touchant appel des parents en faveur des faibles, des plus petits :

Les grands, ayez soin des petits !

Dans la *société*, constitué à l'image de la famille, les *grands* sont les pouvoirs publics, les assemblées élues à tous les degrés — Chambres du Sénat et des Députés, conseils généraux et municipaux — le pouvoir exécutif, président et ministres, fonctionnaires de tous ordres, tous les membres des classes dites dirigeantes — ensemble complet qui s'appelle l'Etat.

Ce sont là les *grands* de la société.

Qu'il soit permis à un vieillard de leur dire avec une conviction profonde et un grand souci de l'avenir et de la pacification de notre chère patrie française :

LES GRANDS, AYEZ SOIN DES PETITS !

P. DE MONTAIGNAC.

Les Trillers-Montluçon, 1890-1891.

LE PAIN QUOTIDIEN

PAR M. DE MONTAIGNAC

Les Trillers-Montluçon, 1890-1891.

SOMMAIRE

ERRATA

—

Quelques erreurs de chiffres ont été commises à l'impression, aux folios 42 et 43. Quoi qu'elles n'aient aucune importance pour le raisonnement qui a inspiré ce travail, nous croyons devoir les signaler.

1° 1.300.509.685 pour 1.300.569.685.
2° 3.247.109.967 pour 3.247.169.967.
3°   218.707.702 pour   218.767.702.
4°   45.007.003 pour   45.067.003.
5° 1.573.519.652 pour 1.573 639.652.
6°   15.524.093 pour   15.524.930.
7°   337.724.353 pour   337.725.190.